DES
CHANCES DE GUERRE

EN EUROPE,

ET DES PROBABILITÉS D'UNE ALLIANCE

ENTRE

LA FRANCE ET L'ANGLETERRE.

PAR M. H. PARROT,

Avocat aux Conseils du Roi et à la Cour de Cassation.

CHEZ LEVRAULT, LIBRAIRE,
RUE DE LA HARPE, N° 81.

DELAUNAY, LIBRAIRE, Palais-Royal.
A. MESNIER, LIBRAIRE, Place de la Bourse.

—

1830.

IMPRIMERIE DE MARCHAND DU BREUIL ,
rue de La Harpe , n. 90.

DES

CHANCES DE GUERRE EN EUROPE,

ET DES PROBABILITÉS D'UNE ALLIANCE

ENTRE

LA FRANCE ET L'ANGLETERRE.

L'horizon politique de l'Europe commence à s'éclaircir, en ce sens du moins que les gouvernemens et les peuples, d'abord incertains et profondément émus à l'aspect de la dernière révolution française, commencent à se classer en deux camps opposés.

Par son principe et par ses dispositions territoriales, la Sainte Alliance de 1814 et de 1815 avait blessé au vif les intérêts et les affections des peuples; par son principe, en favorisant partout le pouvoir absolu des rois, en arrêtant et en comprimant avec violence le mouvement naturel des peuples vers la civilisation et la liberté; par ses dispositions territoriales, en brisant, en fractionnant les *unités nationales*, au gré de ses haines politiques ou de ses vues ambitieuses, et en enchaînant ensuite, sous le même sceptre, les incompatibilités d'interéts et d'affections les plus prononceés.

Trompées dans leurs espérances de liberté politique et d'améliorations intérieures, l'Espagne et Naples se sont agitées les premières. Mais là, les classes éclairées n'avaient pas pour elles l'appui des masses sans lesquelles il n'est jamais de révolutions solides. Faibles d'ailleurs en population et en lumières, réléguées aux extrémités de l'Europe, ces deux nations n'avaient pas assez de consistance et de points de contact avec le surplus du continent, pour que leur exemple pût l'entraîner.

La France s'est enfin réveillée.

Sur ce sol puissant en hommes courageux, fertile en richesses et en lumières, et non moins fécond en émotions généreuses, trois journées ont suffi au triomphe de la liberté, et c'est au sein de trente deux millions d'hommes prêts à le defendre jusqu'à la mort, que le principe de la souveraineté populaire a planté son drapeau.

A ce signal l'Europe entière s'est ébranlée; le mécontentement des peuples a fermenté partout et les élémens d'orage amoncelés depuis 15 ans par la Sainte Alliance ont à la fois éclaté sur mille points divers.

Adossée à la France et pouvant au besoin compter sur son infaillible appui, la Belgique a tout-à-coup brisé le lien détesté qui l'attachait à la Hollande; de là l'esprit d'insurrection populaire s'est rapidement propagé; bientôt il a paru sur toute la ligne du Rhin, et il s'est levé plus menaçant encore à Brunswick, en Vestphalie, en Saxe, à Hanau, dans toute l'Allemagne centrale.

Deux mots d'abord sur cette partie de l'Europe, car c'est là que va s'établir, selon toute apparence, le champ de bataille des deux principes opposés qui maintenant se partagent le monde, c'est là que la liberté des peuples doit, avant peu, vaincre ou succomber.

Plusieurs besoins également impérieux tourmentent depuis longtemps les habitans de l'Allemagne centrale : *L'unité nationale, la liberté politique, l'affranchissement féodal.*

Là tous les hommes supérieurs, et même tous les bons esprits, sont justement persuadés que c'est au morcellement territorial de l'Allemagne qu'il faut surtout attribuer les longues guerres et les calamités désastreuses qui, depuis trois siècles, ont si cruellement ravagé leur patrie.

Cette multiplicité d'Etats énerve la puissance de l'Allemagne; elle anéantit en quelque sorte son indépendance politique. Dans toutes leurs grandes guerres, la France, l'Autriche et la Russie ne manquent jamais de s'y donner rendez vous, et chaque fois elles ont armé, pour leurs querelles, des Allemands contre d'autres Allemands.

Ce grand nombre de souverainetés distinctes dévore encore en frais de cours et d'administration la richesse du pays; il anéantit son commerce et son industrie, en couvrant l'Allemagne de lignes de douanes et d'entraves multipliées à la circulation. Aussi, c'est contre les douanes que les premiers attroupemens ont d'abord dirigé leur fureur. Voilà des symptômes non équivoques d'une tendance déjà prononcée vers *l'unité nationale*; cette tendance n'est plus seulement le résultat de la réflexion des hommes éclairés; déjà, par un instinct admirable, le peuple lui même obéit à son impulsion. Avant la révolution française de 1789, l'Allemagne comptait dans son sein 308 souverainetés distinctes; dès lors, par la seule force des choses et à la faveur des changemens de circonscriptions territoriales et des grandes commotions politiques qui pendant 30 ans ont bouleversé l'Allemagne, le besoin *d'unité nationale* s'est fait jour; il a gagné du terrain; les 308 souverainetés ont été réduites à 38; et, dès lors encore, la puissance de cohésion et d'affinité qui tend à compléter le faisceau national n'en est devenue que plus vive, que plus agissante.

La liberté politique, chacun sait que c'est en la promettant solemnellement à leurs sujets au jour du danger, que les souverains de l'Allemagne ont provoqué contre Napoléon l'enthousiasme et l'élan populaires, qui seuls ont pu faire pâlir enfin l'étoile du grand capitaine; et ici le mécontentement des sujets contre leurs souverains est d'autant plus vif, d'autant plus profond, qu'à l'irritation des besoins non satisfaits , se joignent encore en eux la haine et le mépris du parjure.

L'entière destruction des derniers vestiges de la féodalité, voilà ce qui, plus encore, peut ébranler les masses. En France, la chûte conplète du régime féodal, c'est-à-dire *l'égalité des droits,* l'entiére conquête de la *liberté civile,* date de 1789; dans une grande partie de l'Allemagne, cette conquête est encore à faire. — Là pèse encore sur les habitans des campagnes, cet odieux système de prérogatives nobiliaires et de priviléges fonciers qui ne blessent pas moins les interêts materiels de l'homme que sa dignité personnelle; là s'offrent encore aux soulèvemens des dernières classes de la société, l'irrésistible appât d'une aristocratie pleine de morgue à détruire, et d'immenses avantages sociaux à conquérir. — Ajoutons que, de tous les peuples de l'Europe, les Allemands du nord sont peut-être les plus éclairés, les plus mûrs pour une grande révolution politique et sociale, pour un vaste et puissant système de fusion nationale.

On conçoit après cela le bouillonnement sourd et profond qui déjà gronde en Allemagne, et qui, du sein de cette vaste fermentation de tant de vœux et d'interêts trop longtemps méconnus, a déjà fait jaillir plus d'une fois des symptômes précurseurs d'une effroyable explosion.

Jetée d'une manière toute factice au cœur de l'Allemagne, y froissant profondément, par son existence artificielle et contre nature, les principes et les interêts au nom desquels s'agitent maintenant les nations germaniques, la monarchie prussienne s'est sentie blessée à mort par le voisinage des deux revolutions de la France et de la Belgique.

Les lambeaux de territoire que, pour elle, l'on nous a si impitoyablement arrachés aux jours de nos revers, tendent à se rejoindre à nous par une force plus puissante à la longue que toutes les combinaisons artificielles de la diplomatie par une vive et naturelle sympathie d'affections, de souvenirs et d'intérêts communs. D'autres démembremens territoriaux enlevés à la Saxe ou à d'autres états de l'Allemagne, lors des traités de 1814, doivent supporter, avec non moins d'impatience, le système despotique et tout militaire du gouvernement prussien. La Prusse n'est donc pas seulement menacée d'une révolution politique; pour elle il ne s'agit pas de faire aux peuples qui la composent une part plus ou moins large d'égalité civile et de liberté constitutionnelle; il y va tout-à-fait de l'existence, et l'on conçoit facilement pourquoi, de toutes les grandes puissances de l'Europe, elle a été la première à prendre les armes. — La continuation de l'état de paix doit infailliblement tuer la Prusse, et quand on a sous les armes 400,000 hommes encore obéissans (1) l'on ne se résout pas facilement à se voir démolir sans bruit, à mourir en silence.

Les dangers de l'Autriche sont moins pressans; pour elle, comme pour la Prusse, il ne s'agit pas tout-à-fait d'une question d'existence. Généralement peu éclairé et sans besoin prononcé d'améliorations sociales et de liberté, l'Autrichien consent à végéter encore sous un gouvernement doux et paternel, mais habilement stationnaire et soporifique. Toutefois, la force et l'influence politique de l'Autriche n'en sont pas moins menacées, et ses provinces de l'Italie attendent avec impatience le signal de l'insurrection. Elle est donc aussi poussée vers la guerre par les nécessités d'une position incompatible avec les progrès de cet esprit d'affranchissement national et de liberté, dont l'état de paix précipite la marche et prépare le triomphe.

---

(1) Indépendamment d'une armée permanente de 200,000 hommes, la Prusse peut encore mettre sur pied 200,000 Landwers ou gardes nationaux qui pour l'instruction et la discipline ne le cèdent pas à la troupe de ligne.

De tous les états absolus, l'empire Russe est encore le plus fort et le plus dégagé, par sa position géographique et par l'état intellectuel de ses habitans, d'une invasion immédiate, des idées libérales. Mais si ces idées continuent à suivre paisiblement leur mouvement progressif, elles arrivent aux frontières de la Pologne et elles peuvent y réveiller facilement des souvenirs encore palpitans d'indépendance et de liberté.

Deux besoins également impérieux dirigent le gouvernement Russe; la conservation du pouvoir absolu et l'esprit de conquête. Sans pouvoir absolu, l'empire Russe s'écroule; il devient impossible de maintenir sous le même sceptre cet immense territoire peuplé de tant de nations différentes, et dont aucune encore n'est déjà mûre pour la liberté. L'autorité absolue d'un seul est d'ailleurs la condition nécessaire des guerres d'invasion et de la conquête. L'esprit de conquête n'est autre chose pour la Russie que cet irrésistible penchant qui, de tout temps, a poussé les peuples du nord vers le soleil du midi. Dans l'impossibilité de contenir plus long-temps ce penchant national; dans la crainte de le voir tourner en insurrections militaires, l'empereur Nicolas l'a dirigé naguères vers les rives du Bosphore, mais là s'est trouvée l'Angleterre et il s'est arrêté.

L'Angleterre en effet ne se le dissimule pas : du jour où la mer Noire ne sera plus qu'un port Russe; du jour où, par la possession des défilés étroits qui en défendent l'entrée, un vaste et puissant empire pourra lancer contre elle dans la Méditerranée des flottes sans cesse renaissantes, sa prépondérance maritime aura cessé d'exister.

Forcée par là d'ajourner à un autre temps ses projets d'agrandissement vers l'Orient, la Russie s'est empressée de reporter vers l'occident ses vues ambitieuses, sitôt que les allarmes de la Prusse et de l'Autriche ont mis ces deux puissances dans la dure nécessité de recourir à son appui.

Porter ainsi ses armées au cœur de l'Europe, les faire vivre en pays étranger; tenir sous son patronage et pour ainsi dire sous sa dépendance absolue, l'Autriche, la Prusse et l'Allemagne; prévenir dans son voisinage l'établissement de ces institutions libres et populaires qui deviennent des barrières de fer contre les invasions étrangères, exercer enfin sur tous les gouvernemens de l'Europe une influence prépondérante, voilà certes plusieurs objets bien dignes de l'ambition des Russes.

Ainsi s'explique la triple alliance des cabinets Russe, Autrichien et Prussien; elle est formée par le plus puissant de tous les liens, par la communauté des intérêts, des besoins et des vues politiques. — Tous trois ont intérêt à mettre entr'eux et la France d'immenses armées encore obéissantes et se contenant mutuellement, à étourdir les peuples au bruit du canon, à réveiller en eux l'esprit militaire et à retremper au sein de la guerre les ressorts du pouvoir absolu.

Ici se présente une immense question; elle embrasse tout l'avenir de l'Europe : que va faire l'Angleterre?

L'Angleterre n'aura qu'un seul guide : les intérêts positifs du pays, les vœux de la nation. Mais ces intérêts de quel côté sont-ils?

Au milieu d'une crise européenne les vrais intérêts de l'Angleterre vont nécessairement flotter entre deux écueils opposés; elle redoutera sans doute l'agrandissement de la France, mais elle ne sera pas moins inquiète et préoccupée des progrès de la Russie; tout le reste lui importe peu.

Or une guerre générale aura pour résultat infaillible de donner, à l'une ou à l'autre de ces deux puissances, un incalculable accroissement de force et d'influence politique. Si le pouvoir absolu l'emporte, la Russie dirige le continent, puisqu'elle seule peut en maintenir les rois sur leurs trônes incessamment menacés par les insurrections populaires. Mais, si au contraire, la liberté triomphe, la France se met à la tête de l'Europe et, pour premier fruit de sa victoire, elle reprend la Belgique et les provinces Rhénanes.

La Belgique, Anvers et *la ligne du Rhin*, voilà l'éternelle pierre d'achoppement entre la France et l'Angleterre.

On dit que ces deux États viennent de s'unir tout récemment par une alliance offensive et défensive, et que, pour première condition, cette alliance impose à la France une renonciation absolue à tout agrandissement du côté du Rhin.

Une telle clause, si elle existait, serait tout-à-fait chimérique et d'une exécution impossible.

Si la France prend une fois les armes, et si, pour résister à l'invasion qui menacerait en même temps leur commune liberté, les soldats de la Belgique et de la France ont une fois combattu sous les mêmes drapeaux, il n'est plus de puissance au monde qui ait encore le pouvoir de s'opposer à l'entière fusion des deux peuples.

Pourquoi les combinaisons territoriales de la Sainte Alliance sont-elles si fragiles, si éphémères? pourquoi s'évanouissent-elles sitôt que le génie des révolutions se met à souffler sur elles? C'est qu'au congrès de Vienne, l'on a jugé à propos de mutiler arbitrairement les nations, d'arracher sans pitié des débris de peuple, des fractions de territoire, au centre commun où les rappellent à la fois leurs intérêts matériels, leurs habitudes et leurs points d'affinité les plus chers; c'est que, comme on l'a déjà dit, les habiles et profonds diplomates de 1814 ne se sont pas contentés de créer, en dépit des incompatibilités d'humeur, *des unions mal assorties*, ils ont voulu séparer encore ce que la nature et la force même des choses avaient irrévocablement uni.

Sans doute, la Belgique et les provinces du Rhin n'ont

été incorporées à la France que pendant peu d'années; mais, dans l'intervalle, d'anciens liens de communauté, d'origine, de langage et de souvenirs historiques s'étaient réveillés; des relations de commerce et d'industrie, mutuellement avantageuses, s'étaient formées d'elles-mêmes; la plupart des fortunes privées devaient à ces relations nouvelles d'importans accroissemens, et, dans leur réunion passagère, la vieille et la jeune France avaient simultanément joui, pour la première fois, de l'incomparable avantage d'une législation uniforme et des bienfaits plus précieux encore de l'*égalité civile*. De toutes nos anciennes provinces, l'Alsace et la Lorraine sont les plus fraîchement incorporées; la grande majorité des habitans de l'Alsace et même une bonne partie de ceux de la Lorraine sont d'origine germanique; ils parlent encore la langue allemande. — Il n'en est cependant pas de plus fidèles, de plus franchement dévoués aux intérêts de la France; nos ennemis en savent quelque chose; tant est vive et entraînante la puissance de cohésion et de sympathie qui pousse irrésistiblement vers la France tout ce qui se trouve en-deça du Rhin.

Consultez attentivement l'opinion réelle de la Belgique, telle que les derniers événemens l'ont signalée. Voyez, dès les premiers jours de l'insurrection, éclater en ce pays des vœux non équivoques de retonr à la France, surtout parmi le peuple, le peuple qui ne voit pas le danger et qui ne craint pas de manifester avec enthousiasme la pensée nationale et la volonté du pays, tandis qu'animées au fond du même esprit, les classes plus éclairées calculent et délibèrent encore. Nos ci-devant départemens cédés à la Prusse n'ont pas été moins ardens. La révolution de Paris était à peine terminée, que déjà des rassemblemens nombreux promenaient nos couleurs à Trèves, à Aix-la-Chapelle, sous le canon même de Mayence; et, sans la présence des nombreux bataillons étrangers qui étouffaient en ces contrées l'élan populaire, nous eussions vu le drapeau tricolore, non moins rapide que l'aigle de Napoléon arrivant de l'île d'Elbe, y voler aussi de clocher en clocher, et jalonner comme par enchantement, aux yeux de l'Allemagne étonnée, la ligne entière du Rhin.

La France de son côté voit déjà dans ses voisins du nord des amis et des frères; elle y retrouve d'anciens français; s'ils sont attaqués, il n'est plus parmi nous de pouvoir assez fort pour empêcher la nation toute entière de se porter en Belgique. Et c'est quand nos armées triomphantes auraient regagné la rive du Rhin, lorsqu'au prix de leur sang, elles auraient replanté nos couleurs sur ces lignes de forteresses élevées contre la France, qu'un traité à la main, quelque diplomate de la grande Bretagne viendrait leur dire froidement d'évacuer leurs conquêtes, et de voir encore reculer nos frontières à 5o lieues de Paris : tout cela n'est pas possible, et personne en France ne peut le promettre.

Il faut donc que l'Angleterre s'y résigne; nous rentrerons avant peu dans nos limites naturelles, et, si pour nous en empêcher, elle est déjà décidée à nous faire la guerre, à prendre rang à son tour dans la coalition, il est facile aux puissances du nord de l'y entraîner forcément; il leur suffit, pour cela, d'entrer en Belgique et d'y attirer nos armées. Mais alors le système politique et la conduite ultérieure de l'Angleterre seraient entièrement subordonnés aux déterminations des autres puissances; elle n'aurait plus *son libre arbitre*.

Dans la position actuelle de l'Europe, en présence de la Russie, concentrant ses armées sur les bords de la Vistule et prête à en inonder l'Allemagne, est-il bien dans les vrais intérêts de l'Angleterre de s'opposer encore avec la même obstination à la réintégration de la France dans ses frontières naturelles? n'y aurait-il donc aucun moyen de rallier, sur ce point, les intérêts des deux nations?

Cette question, nous ne saurions en douter, préoccupe en ce moment les hommes d'Etat et toutes les têtes fortement pensantes de la Grande-Bretagne ; elle n'est pas non plus étrangère aux méditations sérieuses du gouvernement français.

Qu'il nous soit cependant permis d'y jeter un coup d'œil.

Le cabinet anglais, nous l'avons déjà dit, n'aura constamment qu'un seul guide, toujours fixe et toujours présent à sa pensée, les intérêts actuels du pays et ceux de son avenir.

L'avenir du pays, il est tout entier dans la conservation de cette haute et incontestable suprématie maritime, de ce vaste système colonial qui fait tout à la fois la force et la gloire de l'Angleterre et qui est devenu, pour ainsi dire, la condition de son existence future.

Est-ce par l'agrandissement de la France ou par celui de la Russie que la prépondérance maritime de l'Angleterre serait le plus gravement menacée?

D'abord, on ne saurait en disconvenir, le cabinet de Londres doit trouver à cet égard des garanties beaucoup plus rassurantes dans l'organisation libérale et constitutionnelle de la France que dans l'autorité tout arbitraire et capricieuse d'un autocrate absolu, et c'est sous ce rapport seulement que l'intimité que doit établir entre les deux peuples la similitude de leur état moral et de leurs institutions politiques, ne se réduit pas à un vain mot.

Invincibles et toutes puissantes contre les invasions étrangères, les nations assez éclairées pour être libres sont par là même sans force et sans volonté pour les guerres de conquêtes, à moins qu'elles n'y soient impérieusement poussées par le légitime besoin d'assurer leur existence, de reconstituer avec plénitude *leur unité nationale*. La paix de l'Europe ne reposera donc jamais sur des bases solides, tant qu'une grande nation, telle que la France, aura, sons ce rapport, quelque chose à desirer. Aussi long temps que ses inquiétudes à cet égard ne seront pas calmées, loin d'être sérieusement disposée à maintenir en Europe la paix et le *statu quo* si cher aux diplomates, à y prévenir les guerres générales et les bouleversemens politiques, la France aura, au contraire, un intérêt évident à laisser éclater ces grandes crises pour en profiter au gré de ses vœux. Pourquoi, en 1829, à l'aspect de l'empire Ottoman, prêt à s'écrouler sous les coups des Russes, l'Angleterre nous a-t-elle trouvés d'abord insensibles à toutes ses allarmes ? Parce que, par suite d'une politique alors fort habile et éminemment nationale, le ministère Martignac songeait à la rive du Rhin, et qu'il avait justement l'espoir de la recouvrer, en appuyant les Russes au lieu de les contrecarrer. A tout eela l'Angleterre n'a vu qu'uu seul remède ; elle nous a donné M. de Polignac ; alors toutes les grandes puissances de l'Europe ont fait corps contre la Russie ; Constantinople a été sauvé.

Une aussi bonne occasion ne se représente pas deux fois, et l'Angleterre doit y regarder de près.

Si donc elle veut sincèrement pour elle et pour l'Europe une paix ferme et stable, et si pour l'avenir elle ne tient pas moins à se rassurer contre les agrandissemens de la Russie, elle ne doit plus s'opposer au rétablissement de la France dans ses frontières naturelles. Autre temps, autre système : Sans doute, quand l'Espagne, la France et l'Autriche formaient, sur le continent, les seules grandes puissances, ou quand Napoléon, dans ses projets gigantesques, menaçait l'Europe entière d'une seule domination, il pouvait êtré d'une sage politique, de la part de l'Angleterre, de ne pas laisser dans nos mains Anvers et la ligne du Rhin ; mais depuis que le colosse du nord, grandissant chaque jour, menace à son tour de tout envahir, l'ancien système politique est radicalement changé. La France une fois rétablie dans son assiette territoriale ;

c'en est fait pour elle de *l'esprit de conquête;* elle ne peut plus être animée que d'un seul sentiment : *l'esprit de conservation,* et c'est ici que viennent se rallier d'une manière intime les *intérêts communs* des deux peuples.

De même que le dieu Terme des Romains, la frontière de l'empire russe ne recule jamais. De plus, nous l'avons déjà dit, par l'esprit encore à demi-barbare de ses nombreuses populations, par l'unité d'action et par l'élan militaire inhérens au pouvoir absolu, cet empire est essentiellement façonné pour la guerre et pour la conquête. Suivez, depuis Pierre-le-Grand, c'est-à-dire depuis un peu plus d'un siècle, les accroissemens continuels de la Russie en territoire, en population, en richesses et en forces militaires, vous en serez effrayé. D'autres grandes puissances ont aussi menacé l'Europe d'une domination universelle, mais essentiellement accidentelle et factice, leur grandeur n'a duré qu'un instant.

Ainsi, dans le cours des trois derniers siècles, l'Espagne et la France ont successivemeut essayé de faire peser sur l'Europe leur prépondérance absolue; alors le continent tout entier s'est soulevé contr'elles; la puissance de l'Espagne s'est éteinte avec Charles-Quint; et, partout vulnérable, partout pressée par les efforts et les attaques redoublées des nations rivales, la grandeur passagère de la France n'a pas même survécu à Louis XIV et à Napoléon. Pour l'avoir portée trop loin, Louis XIV a failli succomber; et, du haut de son rocher d'exil, Napoléon a eu la douleur de voir ses ennemis humilier la France et se partager en maîtres les débris de son vaste empire.

Il n'est donc, dans le monde moderne, qu'un seul empire qui, du fond du nord et du sein de ses frimats, peut braver impunément les invasions étrangères, tandis que toujours envahissant il s'avance lui-même à la domination universelle d'un pas toujours ferme et toujours assuré. Il arrache d'abord à la Suède, la Livonie, la Finlande, toute cette rive de la Baltique ; il se jette ensuite sur l'empire Ottoman et le dépouille successivement de ses plus belles provinces. Profitant adroitement des troubles de la Pologne que lui-même avait suscités, il la dévore en partie ; puis il revient vers l'orient ; il y poursuit, avec une vigueur nouvelle, ses précédentes conquètes contre les Turcs et contre les Persans ; il s'avance dans la haute Asie. Loin d'arrêter le torrent, les efforts de Napoléon en augmentent la force et en accélèrent encore l'irrésistible impulsion. C'est par la Russie qu'il est lui-même renversé, et la paix de 1814 vient livrer encore au vautour du nord un nouveau lambeau de la Pologne. Dès lors, l'autocrate de la Russie s'est rejeté sur la Perse, et cette fois il a fait avancer les frontières de son empire jusques aux rives de l'Araxes, non loin de l'antique Ninive, d'où il peut porter déjà ses regards menaçans sur les Indes-Orientales ; enfin, il y a moins d'un an, il allait faire flotter son drapeau sur les minarets de Constantinople, lorsque la coalition de l'Europe, dirigée par l'Angleterre, a pu lui tracer encore le cercle de Popilius.

Alors un trait de vive lumière doit avoir éclairé la politique russe. C'est que ses projets sur l'Orient ne sont pas encore *mûrs* ; c'est qu'avant de reporter ses pas vers Constantinople, il lui faut diviser et affaiblir encore les peuples de l'occident, ou, du moins, les tenir en partie sous son joug par droit de patronage et de haute tutelle. Alors, plus de coalition possible ; l'Angleterre seule ne peut rien, et les rives du Bosphore sont accessibles à ses armes.

Brillantes de civilisation et de lumières, les antiques républiques de la Grèce étaient aussi divisées en deux camps ennemis par l'éternelle lutte des principes aristocratique et populaire. Un puissant état despotique s'est formé vers le nord ; il avait pour chef un monarque habile ; pour instrumens de conquêtes, des soldats ignorans et qui ne savaient qu'obeir et combattre. Sous des apparences de paix et de conciliation, ce monarque est intervenu dans les divisions intestines de la Grèce, et, bientôt après, il y commandait en maître ; le courage de Sparte et la puissance maritime d'Athènes avaient également fléchis son joug. Ensuite Philippe a fait naître Alexandre, c'est-à-dire l'*empire du monde*.

Maintenant, soyons-en surs, toutes ces considérations sont sérieusement pesées, par le cabinet de Londres, dans la balance de ses destinées futures ; il n'armera pas contre nous ; et si, poussés par les inquiétudes de leur position et par la fatalité qui déjà semble les entraîner, les rois du nord viennent nous attaquer, d'abord immobile et simple spectateur de la lutte, le peuple anglais restera dans l'attitude d'une neutralité armée ; il pensera que le courage et la liberté de la France sont assez forts pour dissoudre et renverser la coalition l'Europe. Mais si, trahissant notre courage, les hazards de la guerre ne nous étaient pas favorables, si nous commencions à fléchir !... alors, n'en doutons pas, toutes les forces de l'Angleterre viendraient aussitôt nous appuyer. Laisser écraser en France la cause de la civilisation et de la liberté du monde, ce serait de la part de l'Angleterre *un suicide politique*.

Mais il est une autre considération qui, plus encore que la crainte d'un conflit éventuel avec l'Angleterre, doit frapper d'une salutaire terreur les puissances du nord, et peut-être même les arrêter : c'est l'esprit de modération et de sagesse dont nos derniers événemens portent l'empreinte.

Lorsqu'à notre première révolution, la liberté apparut parmi nous suivie d'un cortége effrayant de spoliation et de supplices, il a été facile aux rois de tromper les peuples sur la tendance des idées nouvelles, et c'est en évoquant sans cesse à leurs yeux le fantôme sanglant de la terreur, qu'ils sont enfin parvenus à les pousser contre nous.

Mais la liberté de 1830 s'est levée sur la France avec un caractère admirable de modération et d'oubli des injures. Née d'un sentiment profond des droits et de la dignité des peuples insolemment outragés ; armée pour la défense de l'ordre et des lois, elle n'a pas dévié jusqu'à présent de sa noble origine ; et, prête à balayer de sa main puissante les derniers débris du moyen âge, elle s'annonce à tous les peuples comme la pure et brillante aurore d'une ère nouvelle d'améliorations intérieures, d'indépendance nationale et d'affranchissement politique. Quant à la vieille royauté, elle s'est éteinte parmi nous dans le parjure et dans le sang !

A ce double aspect, un élan d'entraînement et d'admiration, une électrique et vive sympathie se sont aussitôt prononcés dans toute l'Europe en faveur de la France ; pressée du besoin de nous imiter, l'Europe entière a battu des mains ; les plus vieilles inimitiés populaires n'y ont plus tenu, et la nation anglaise nous a ouvert ses bras.

Comment donc serait-il possible de persuader encore aux peuples du continent, du moins à ceux qui déjà sont assez éclairés pour sentir et pour penser par eux-mêmes, qu'en les menant contre la France, on ne veut pas les faire combattre, en réalité, contre leurs vœux et leurs intérêts les plus chers, et que, par une combinaison détestable, impie, on ne veut pas les forcer à détruire, de leurs propres mains, l'héritage de bonheur et de liberté qu'ils doivent transmettre à leurs enfans.

Bien loin d'irriter le volcan, disait il y a quelques mois, à Coblentz, le prince Guillaume de Prusse, et de le forcer ainsi à lancer au loin sa lave incendiaire, laissons le d'abord se dévorer lui-même, et nous verrons ensuite. Ce mot révèle à lui seul tout le secret de la Sainte-Alliance.

Oui, Français, les rois n'osent pas encore vous attaquer ; votre cause est encore trop belle, trop pure et trop contagieuse. Mais en épiant vos moindres désordres, et peut-être même en les attisant sourdement, en attendant avec impatience l'occasion de pouvoir calomnier encore auprès de leurs peuples le principe de la liberté moderne, les rois de tous côtés se préparent à la guerre. Déjà 200,000 Russes, suivis de bataillons plus nombreux encore, sont groupés en Pologne : la Prusse garnit de ses troupes une partie de nos frontières du nord; l'Autriche met sous les armes d'imposantes réserves; elle jette 200,000 hommes en Italie, et elle s'apprête à occuper militairement Naples et le Piémont, dont elle redoute, à juste titre, les troupes indigènes. Il n'est pas jusqu'à l'Espagne dont le gouvernement ne paraisse s'apprêter aussi à une guerre d'invasion. C'est ainsi qu'en nous environnant d'un vaste cercle d'armées étrangères, prêtes à entrer en campagne, on veut pouvoir, au premier signal, faire éclater, de toutes parts, l'orage contre nous : Tout cela n'est pas pour la paix.

Sans doute les puissances étrangères nous prodiguent encore les assurances les plus pacifiques; elles mêmes, nous le croyons, ne sont pas encore irrévocablement décidées à la guerre; on doit y regarder à deux fois avant de risquer, dans une seule crise, tous les vieux trônes de l'Europe déjà si vermoulus! Mais en augmentant leurs armées, en les mettant dès à présent sur le pied de guerre, en les rapprochant et en les contenant ainsi l'une par l'autre, indépendamment de l'avantage d'être prêts à tout événement, les souverains trouvent encore, dans cette attitude, de puissans moyens d'absorber l'activité des esprits, de distraire les peuples des idées d'améliorations intérieures, et de pouvoir au besoin en étouffer à l'instant les premières manifestations.

Toutefois, le génie de la liberté n'en poursuit pas moins sa marche; il réveille en ce moment les cantons helvétiques auxquels le congrès de Vienne avait si imprudemment imposé un vieux replâtrage d'aristocratie. Ainsi l'esprit d'insurrection populaire s'est déjà fait jour dans les vallées du Tessin ; il menace la haute Italie (1).

A l'aspect de tant d'armées déjà en présence, et surtout en appréciant avec attention, en mesurant dans toute sa portée, la profonde incompatibilité qui existe entre les deux principes maintenant aux prises, il n'est plus personne qui puisse sérieusement encore nous garantir la paix. En ce moment d'immenses amas de matières combustibles sont entassés sur toute la ligne de nos frontières : l'étincelle électrique peut jaillir d'un instant à l'autre.

Ainsi, Français, préparons-nous à la guerre, et surtout restons unis.

Quelles que soient les nuances d'opinions qni, sur les matières de la législation et de la politique intérieure, peuvent diviser encore les esprits d'ailleurs les plus généreux et les plus éclairés, sachons, en présence de l'Europe en armes, ne pas donner trop d'éclat et de vivacité à ces petites querelles de famille.

Royalistes encore attachés par vos souvenirs à la dinastie déchue, venez franchement et en toute confiance vous réunir à nous. Nos divisions seront effacées lorsqu'une fois nous aurons tous combattu, sous les mêmes drapeaux, pour le salut et l'indépendance du pays. Que deviendrait en effet la France si les vœux destructeurs de

(1) Ces pages étaient déjà livrées à l'impression, lorsque la nouvelle qu'une vaste insurrection populaire vient d'éclater en Pologne, s'est répandue dans Paris. Cet événement peut avoir sur la situation politique de l'Europe une influence incalculable. Si la Pologne persévère et triomphe, toutes les forces de la Russie sont absorbées pour long-temps, et la barrière qui doit défendre les peuples du midi contre les envahissemens du nord se relève enfin. Mais si, au contraire, les braves et malheureux Polonais sont encore écrasés par l'immense supériorité numérique de leurs ennemis, la Russie n'en sera que plus disposée à poursuivre, jusques en France, l'esprit d'indépendance et de liberté dont l'invasion devient si rapide. Faisons tous nos vœux pour la Pologne, et, s'il se peut, faisons davantage.

l'étranger pouvaient s'accomplir? La France! elle serait à jamais rayée du rang des nations; comme nous, royalistes, vous n'auriez *plus de patrie*. La sainte alliance se garderait bien de laisser encore la direction d'un grand peuple à l'impéritie qui a si sottement précipité en France la chûte du droit divin et qui, depuis cinq mois, trouble à chaque instant le sommeil des Rois.

Déja en 1815, les Vendéens ont offert à l'armée de la Loire de s'unir à elle pour chasser de la France nos ennemis communs, indignés qu'ils étaient, comme tous les autres français, des insolences de l'étranger. Imitez leur noble exemple et venez sacrifier avec nous, sur l'autel de la patrie, jusqu'au souvenir de nos vieilles querelles.

Nos pères aussi ont long-temps combattu les coalitions de l'Europe; pour la sainte cause de l'indépendance nationale et de la liberté, ils ont versé, sur mille champs de batailles, le plus pur de leur sang. Notre génération est peut-être destinée à subir encore les mêmes épreuves; mais tout en combattant l'ennemi, nous n'aurons pas, comme nos pères, la douleur de voir la patrie s'agiter dans les convulsions dévorantes d'une sanglante anarchie.

Nous viendrons tous nous serrer autour du Prince citoyen dont la popularité s'est invariablement conservée si belle et si pure, et qui offre à l'Univers le premier exemple d'un grand roi prêt à se dévouer pour la liberté.